新雅·成長館

情緒 小管家

# 忘掉憂慮，有辦法

吉爾·赫遜　著
莎拉·詹寧斯　圖

你有沒有曾經感到憂慮呢？你知道每個人都有憂慮的時候嗎？

幸好，這些憂慮的情緒是可以克服的。這本書會告訴你該怎樣做。

新雅文化事業有限公司
www.sunya.com.hk

**新雅·成長館**

## 情緒小管家：忘掉憂慮，有辦法

作　　者：吉爾·赫遜（Gill Hasson）

繪　　圖：莎拉·詹寧斯（Sarah Jennings）

翻　　譯：何思維

責任編輯：葉楚溶

美術設計：鄭雅玲

出　　版：新雅文化事業有限公司

　　　　　香港英皇道499號北角工業大廈18樓

　　　　　電話：（852）2138 7998

　　　　　傳真：（852）2597 4003

　　　　　網址：http://www.sunya.com.hk

　　　　　電郵：marketing@sunya.com.hk

發　　行：香港聯合書刊物流有限公司

　　　　　香港荃灣德士古道220-248號荃灣工業中心16樓

　　　　　電話：（852）2150 2100

　　　　　傳真：（852）2407 3062

　　　　　電郵：info@suplogistics.com.hk

印　　刷：中華商務彩色印刷有限公司

　　　　　香港新界大埔汀麗路36號

版　　次：二〇二〇年七月初版

　　　　　二〇二一年一月第二次印刷

ISBN: 978-962-08-7545-8

Original Title: KIDS CAN COPE : Put Your Worries Away
First published in Great Britain in 2019 by The Watts Publishing Group
Copyright in the text Gill Hasson 2019
Copyright in the illustrations Franklin Watts 2019
All rights reserved.
Edited by Jackie Hamley
Designed by Cathryn Gilbert

Franklin Watts, an imprint of Hachette Children's Group
Part of The Watts Publishing Group
Carmelite House
50 Victoria Embankment
London EC4Y 0DZ
An Hachette UK Company
www.hachette.co.uk
www.franklinwatts.co.uk

Traditional Chinese Edition © 2020 Sun Ya Publications (HK) Ltd.
18/F, North Point Industrial Building, 499 King's Road, Hong Kong
Published in Hong Kong
Printed in China

# 目錄

# 憂慮和不安是什麼？

憂慮和不安是指一些使人苦惱或難受的想法或感受。當你感到憂慮時，你會認為傷心或不好的事將會發生，卻不知道應該怎麼辦。

有時候，那些令我們擔心的事都是真實的；有時候，那些事卻是我們幻想出來的。

如果沒有人接我放學怎麼辦？

如果我的朋友不跟我玩怎麼辦？

如果我家的小貓
再次走失怎麼辦？

門的後面好像有怪獸啊！

　　如果有人來接你放學，你的小貓也沒有走失，你就不會再擔心那些事了。可是，在這些事被確定前，你可能會常常想着那些令你擔心的事。

# 當你憂慮時，會有什麼感覺？

憂慮和不安不只是影響你的想法，連你的身體也會有反應呢！你的心可能會怦怦地跳，肚子可能會有翻滾的感覺，或是頭痛起來。

當你感到憂慮時，可能會覺得忽冷忽熱，頭暈不適，或是經常去洗手間。

　　也許你不知道這是憂慮引起的身體反應，只會告訴爸爸、媽媽，你肚痛或頭痛了。

# 當你感到憂慮時，會做什麼呢？

除了滿腦子都是苦惱的想法和感到身體不舒服，你可能不想外出或做任何事。有時候，你可能不想上學去，甚至是不想跟朋友玩。

有時候，憂慮會令你整晚也睡不着。或許，你會
覺得自己不能一個人睡覺，需要別人陪伴。

# 把憂慮說出來

　　當別人知道你感到憂慮時，他們可能會說：「不要擔心這件事，一切會好起來的。」

　　有時候，他們甚至會誤解你而對你生氣，或是叫你不要胡思亂想。

可是，他們的這些話，
對你的幫助就像是下雨時給
你一件用紙製造的雨衣。

換句話說，這些話根本對你沒有幫助！

# 為你的憂慮尋求幫助

　　即使別人在你感到憂慮時，跟你說不用擔心，或是叫你不要胡思亂想，你也要把感受說出來。感到憂慮並不是愚蠢的事，你不應該把憂慮藏起來。

　　你可以找一個喜歡和信任的人傾訴。在傾訴時，應選擇一個安靜的地方和適合的時間，確定對方能專心聽你說話。

你可以跟對方說：「我感到憂慮，可以跟你談談我擔心的事嗎？」如果對方當時不能好好地聽你說話，就要改一個適合的時間再傾訴。

如果在你認識和信任的大人中，例如老師、家人等，都找不到一個人來傾訴，你還可以通過電話或電郵跟其他人傾訴，請翻閱第30頁，就能找到相關資料。

# 你還可以做什麼呢？

　　你可以嘗試改變想法，使自己不再心事重重。不要總是集中於你擔心的事情上，要多想想有益身心的東西。

　　當你感到憂慮時，腦袋中想着難過、可怕事情的那部分會控制你的思想，也會讓腦袋中那些使你理智和對你有幫助的部分停止運作。

　　即是說，當你感到憂慮時，腦袋就會容納不下有益的事了。

如果媽媽生病了
怎麼辦？

憂慮時，你的腦袋會
充滿着什麼東西呢？

如果沒有人喜歡我
怎麼辦？

因此，你首先要做的是冷靜下來。這樣，腦袋裏理智的部分就能運作，產生對你有幫助的想法。

如果我不會長高了怎麼辦？

如果老師生氣了怎麼辦？

如果我哭起來怎麼辦？

如果巴士遲來了，我應該怎麼辦？

# 改變你的想法

你可以做很多事去讓你遠離憂慮、冷靜下來和多想想有益的事。你可以試試以下的方法呢！

吸一口氣，忍住，從一數到四。
然後呼氣，忍住，從一數到四。
重複這個動作十次。

倒轉過來，
從三十數到一。

吸氣，就好像你聞到花香那樣。
然後呼氣，就好像你在吹泡泡那樣。

唱一首歌。

回想你昨天
吃和喝過的
所有東西。

尼高正在擔心參加新學會的事。人人都說他會喜歡新的學會，但他在前一晚仍然覺得很緊張。為了讓自己停止憂慮，尼高努力地回想一件開心的事，例如一次參加派對或旅行的經歷。他嘗試回想以往一些美好的事情。

你還想到其他方法嗎？

# 除了擔心，你還可以……

　　當你把擔心的念頭從腦袋中除去，就可以想想有益的事。你可以先想想怎樣處理那些使你憂慮的事。

　　貝絲很擔心在完成足球訓練後，爸爸會遲來接走她。這樣的話，她就會獨個兒留在球場了。

貝絲跟爸爸一起想辦法。爸爸對貝絲說：「如果我知道自己會遲到，就會先傳送訊息給你的足球教練，讓他知道。你的朋友詩敏也是足球隊成員，我會打電話給她的媽媽，請她幫忙接你離開。」

「謝謝，爸爸！」貝絲說，「現在有了計劃，我就放心了。」

# 制定一個消除憂慮的計劃

　　現在，你是不是正在擔心某些事？你擔心的是什麼呢？

　　如果可以的話，請別人幫你想一想，怎樣處理那些令你擔心的事。你可以找大人或朋友幫忙。

你可以幫我嗎？

當你計劃好怎樣處理那些憂慮，就在腦袋裏幻想一下計劃的每個部分。

這樣，你就能把計劃好好記住。

你也可以把計劃寫下來或是畫出來。

消除憂慮的計劃

只要你計劃好了，就算憂慮再次湧進你的腦袋，你也可以告訴自己：「停吧！我已經計劃了怎樣消除憂慮了！」

# 把憂慮收起來

　　有時候，你可能想不出什麼計劃來。那麼你可以怎樣做呢？要知道，有些憂慮是趕不走的。不過，你可以試試把這些憂慮收起來，甚至是送走。

把你擔心的事寫下來或是畫出來，然後把紙摺好，再放進盒子、抽屜、罐子或是小袋裏。這樣，你就能把憂慮放到一旁了。

　　此外，你也可以把憂慮交給一件玩具，或是小貓、小狗、兔子、倉鼠等，並且把你擔心的事告訴他們。當你把心事跟別人分享，也許能減少那些害怕的感覺。因此，就讓他們替你分擔吧！

# 放下憂慮，讓腦袋休息一下！

當你把憂慮放到一旁或把它送走後，就可以做其他事，讓腦袋休息一下。你可以做一些喜歡的事，這樣那些讓你不安的想法就不能鑽進你的腦袋了。

這裏有些提議：

畫畫、填顏色……

拼砌積木……

看看書、看看電影……

玩拼圖、
玩遊戲……

跟你的朋友、小貓或小狗玩耍……

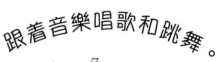

踢足球、騎單車或
只是轉圈……

跟着音樂唱歌和跳舞。

# 告訴憂慮，叫它離開你

如果你在做喜歡的事情時，憂慮突然浮現在腦海中，你可以說：「走開！我正忙着呢！」然後，繼續做之前的事。

你可以做很多有益的事，不用把時間花在憂慮上。當你留意到不安的想法在腦袋裏盤旋，就要做別的事情，這樣憂慮就不能困擾你了。

我擔心
不能……

憂慮，走開！
我正忙着呢！

## 讓憂慮也睡覺

　　如果在睡覺時，你仍然感到憂慮，不妨想想一些美好的事。你可以在獲得爸爸、媽媽的准許後，看看書、聽聽音樂和故事。你也可以想像自己去了一個令你快樂的地方。

　　以往有沒有發生過一些事，會令你感到安心、使你發笑呢？有沒有一些事，你一想起就很開心呢？

　　你可以想想這些事，想得越多越好。當時你做了些什麼？你跟誰在一起？你們聊了些什麼？天氣怎麼樣？你穿了什麼衣服？還有什麼東西是使你快樂的？想一想快樂的事，讓憂慮睡覺吧！

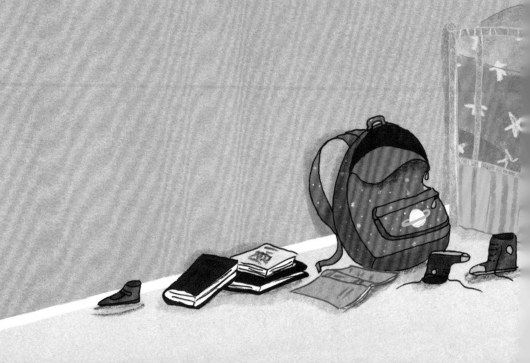

29

# 忘掉憂慮，有辦法

現在，你知道什麼是憂慮和不安了。它們是一些令你難過、分心的想法和感覺，你的身體也會因為憂慮而出現不適的情況。不過，你可以做一些事來面對憂慮和不安。現在就來重溫一下你可以做些什麼吧！

- 不要總是想着擔心的事情，讓腦袋中一些有益的部分運作起來，這樣你就能冷靜下來，做一些事來面對憂慮。
- 制定一個計劃，處理那些令你憂慮的事。
- 把憂慮放到一旁或是把它送走。
- 休息一下，不要總是想着擔心的事，而是做一些你喜歡的事。
- 如果你在做喜歡的事情時，憂慮再次出現，就要跟憂慮說「走開」。

如果你認為憂慮嚴重得已經難以應付，就要請大人幫忙。除了尋找認識的人幫助外，你亦可以向提供兒童輔助服務的機構查詢，以下是一些機構例子：

- 社會福利署（https://www.swd.gov.hk）
- 東華三院（https://www.tungwahcsd.org）
- 香港小童群益會（https://www.bgca.org.hk）
- 香港保護兒童會（https://www.hkspc.org）
- 香港明愛家庭服務（https://family.caritas.org.hk）

請記住，人人也有感到憂慮的時候，憂慮並不是壞事，不要把憂慮藏在心中。

非常好，你現在學會面對憂慮的方法了！

# 活動

　　畫畫和寫作能幫助你多思考怎樣管理憂慮的情緒。你可以把畫出來的圖畫和寫出來的文字跟這本書放在一起，那麼你在憂慮的時候，就能看到自己想出來的應對方法了。

- 把你擔心的事情畫出來或寫下來。

- 畫一幅自畫像。想想你感到憂慮時，身體哪些部分會感到不舒服，然後把這些部分填上顏色。

- 下星期有英文詞語測驗，阿祖正在擔心測驗時會有很多詞語都不懂，他該怎麼辦呢？你覺得阿祖可以怎樣做？給他寫封信，說說哪些方法可以幫助他。

- 明天小娜會跟妹妹到公園，她擔心沒有朋友會跟她們一起玩。你可以替小娜和妹妹想些辦法嗎？給她們寫封信，談談她們可做些什麼事。

- 想想你可以怎樣面對憂慮，把你的計劃寫下來。然後，把計劃裏的每個部分畫出來，記得也要把自己畫在其中。

- 當你感到憂慮時，寫一張清單，列出你喜歡做的事，讓你從憂慮的情緒中休息一下。

- 如果憂慮突然浮現在你的腦海中，你可以跟自己說些什麼呢？把這些話寫下來，並且把自己畫下來，告訴自己在感到憂慮時應該說什麼。

- 當你感到憂慮時，可以想想什麼開心的事呢？把這些開心的事寫下來和畫出來，讓自己好好地記住這些開心的時光，例如你當時在做什麼？你跟誰在一起？你們在聊些什麼？天氣怎麼樣？你穿了什麼衣服？

# 給老師、家長和照顧者的話

如果你的孩子正在為一些事而感到憂慮，你會知道「別擔心」、「沒有必要為這些事而擔心」等安慰的說話，都是沒什麼用的。

當你感到憂慮和不安時，這些感覺對你來說都是很真實的。同樣，對孩子來說，憂慮也是實實在在的。即使他們擔心的是虛構的東西，例如是想像出來的生物和怪獸，他們的憂慮也是真實存在的。

《忘掉憂慮，有辦法》在一開始就承認這一點了。這本書的頭幾頁描述了孩子可能會感到憂慮的事、他們感到憂慮時的感覺和反應。

雖然你的孩子可以自己讀這本書，但如果你能跟孩子一起閱讀，大家的得益就更大了。你可以跟孩子談談他們的憂慮，問問憂慮令他們產生什麼感覺和當他們感到憂慮時會做些什麼事。或許你可以告訴孩子自己的童年往事，說說小時候曾經擔心什麼事。

孩子需要學習一些技巧和方法，才能好好面對憂慮和明白憂慮是可以克服的。《忘掉憂慮，有辦法》會教導孩子如何擺脫憂慮，你可以採用本書的方法來幫助孩子。例如，可以教他們制定一個面對憂慮的計劃；在他們感到憂慮時，提供一些方法讓他們可以輕鬆一下；給他們一些提議，教他們怎樣把憂慮放到一旁，或是叫憂慮走開。

你的孩子可能會喜歡一口氣把這本書讀完，但有些孩子較喜歡每次讀幾頁，這樣他們會較易掌握和明白書中的內容。無論是哪個方法，你都可以找到很多話題來跟他們討論。你可以問問孩子，例如「你試過用這個方法嗎？」、「你覺得這個方法怎麼樣？」、「這個方法對你有用嗎？」你也可以談談插圖中的人物發生的事。

讀過這本書和確認了哪些方法能幫助孩子後，你可以重溫本書內容，想想哪些方法和提議在日後或許有用。

如果你願意對孩子付出時間、耐心，支持和鼓勵他們，孩子一定能學會面對和克服憂慮。如果孩子經常因憂慮而感到痛苦，日常生活也會受影響，或是錯過許多事情，那麼你不妨徵詢其他意見，跟醫生見面，請他們幫助。